JN425965

글 유가은

대학에서 유아교육을 전공했습니다.
어린이를 위한 글을 쓰기 위해 '어린이책 작가교실'에서 공부했습니다.
지금은 어린이들과 함께 책 놀이를 하는 선생님으로 활동하면서
이 세상 곳곳에 숨어 있는 재미난 이야기들을 열심히 찾고 있답니다.

그림 최미란

서울시립대학교에서 시각디자인을 공부한 뒤 그래픽 디자이너로 활동하다가
동 대학교 디자인대학원에서 일러스트레이션을 전공했습니다.
그린 책으로는 〈누구 없어요?〉, 〈때때옷 입고 나풀나풀〉, 〈저승사자에게 잡혀간 호랑이〉,
〈돌로 지은 절 석굴암〉 등이 있습니다.

감수 신항균

성균관대학교 대학원 수학과를 졸업했습니다.
공군사관학교와 우석대학교 교수를 역임했고,
미국 애리조나 주립대학교 수학과 교환교수로도 활동한 바 있습니다.
지금은 서울교육대학교 수학교육과 교수로 재직 중이며,
동 대학교 초등수학교육연구소장으로 있습니다.
또한 서울교육대학교 영재교육원 운영위원으로도 활동하고 있습니다.
초등학교와 중학교, 고등학교에 이르기까지 수학교과서 집필책임교수로 활동했고,
저서로는 〈수학사와 수학이야기〉, 〈클릭 수학나라〉, 〈영재들의 1등급 수학교실 시리즈〉가 있습니다.

1단계 한 가지 분류 12

최고의 신랑감을 찾아라!

글 **유가은** 그림 **최미란** 감수 **신항균**
펴낸곳 **(주)아람키즈** | 펴낸이 **이소영** | 주소 **서울특별시 성동구 성수이로 147 아이에스비즈타워 2F**
고객센터 **1644-4521** | 팩스 **02-468-5548** | 홈페이지 **www.aramkids.co.kr** | 출판등록 **제2020-000011호**
기획 편집 디자인 **(주)아람키즈 하늘땅**
ISBN **979-11-6543-553-0 979-11-6543-509-7(세트)**

ⓒ (주)아람키즈
이 책은 저작권법에 따라 보호를 받는 저작물이므로 무단전재와 무단복제를 금합니다. 이 책 내용의 전부 또는 일부를 이용하려면 저작권자의 서면 동의를 받아야 합니다.

- 눈을 편안하게 해 주는 친환경 식물성 원료인 콩기름 잉크로 인쇄하였습니다.

⚠ 책 모서리가 날카로워 다칠 수 있으니 사람을 향해 던지거나 떨어뜨리지 마십시오.
⚠ 종이에 베이거나 긁힐 수 있으므로 주의해 주십시오.

최고의 신랑감을 찾아라!

글 유가은 · 그림 최미란 · 감수 신항균

아람키즈

두더지 한 마리가 벽에 무언가를 붙이고 있어요.
"예쁜 딸의 ***신랑감**을 찾습니다!"

아빠 두더지는 옆에서 지켜보고 있고요.
바로 딸의 신랑감을 찾는 ***광고**였군요!

예쁜 딸의
신랑감을 찾

광고를 본 동물들은 하나둘씩
두더지네 집으로 몰려들었어요.

두더지 집

"우리 예쁜 공주야, 어떤 신랑감이 좋니?"

"키가 너무 큰 건 싫어요.
저기 있는 **돌부처보다 작았으면** 좋겠어요."

"**돌부처보다 작은** 신랑감들만 남으시오."

그런데 막상 돌부처보다 작은 쥐와 닭을 보자
딸은 *못마땅한 표정이었어요.

"너무 작고 힘이 없어서
저를 지켜 주지 못할 것 같아요."

아빠 두더지는 하는 수 없이 신랑감들을 모두 돌려보냈지요.

다음 날에도 신랑감들이 찾아왔어요.

"아빠는 어떤 신랑감이 좋으세요?"

"뭐니 뭐니 해도 **몸 색깔이 진해야** 남자답지!"

몸 색깔이 진한 신랑감들만 남게 되었어요.
이번에도 딸은 고개를 절레절레 저었죠.

"멧돼지와 흑곰은 너무 까맣고 무서워요."
그 말을 듣고 신랑감들은 ***투덜대며** 돌아갔어요.

신랑감을 몽땅 돌려보냈다는 ***소문**이 돌자
찾아오는 동물들도 점점 줄었어요.

**다음 날 찾아온 신랑감은
고슴도치와 두더지 딱 둘뿐이었죠.**

"딸아, 둘 중 어느 쪽이 더 좋으냐?"
"**털이 보들보들했으면** 좋겠어요."

아빠 두더지는 먼저 고슴도치에게 다가갔어요.
고슴도치의 등에 손을 대는 순간,
"아얏!"
그만 뾰족뾰족 가시에 찔리고 말았어요.
"에잇, 자네는 *탈락이야!"

두 신랑감 중에 **부드러운 털을 가진** 것은
바로 두더지였어요.

딸은 두더지 신랑감에게 다가가서 말했어요.
"당신의 부드럽고 반짝이는 털에 ***반했어요.**
나와 결혼해 줄래요?"

"난 당신과 결혼하지 않겠어요."
두더지 신랑감의 말에 딸은 깜짝 놀랐어요.
"당신은 생각보다 무척 까다롭군요.
나는 까다로운 신붓감만큼은 정말 싫거든요."
그러고는 ***괴나리봇짐**을 메고 길을 떠났어요.
딸은 이것저것 따진 것을 후회하며
엉엉 울었어요.

두더지 집

엄마가 보기

한 가지 기준으로 분류해 보아요

한 가지 기준으로 분류하기는 섞여 있는 **여러 가지 물건들을 하나의 기준에 따라 나누는 활동**입니다. 아이가 가지고 놀던 장난감을 정리하는 경우를 생각해 보세요. 여러 종류의 장난감 가운데 자동차 모양으로 된 장난감끼리 모아 놓는 것도 한 가지 기준으로 분류하기라고 할 수 있습니다. 아이들은 대개 사물의 색이나 모양, 크기처럼 눈에 띄는 한 가지 기준을 가지고 분류를 시작하지요.

분류하기는 비슷한 것끼리 집합을 만드는 활동이기도 합니다. 예를 들어 책꽂이에 있는 책들은 책이라는 한 가지 기준에 따라 책이 아닌 다른 물건들과 구분해서 모아 놓은 것입니다. 이렇게 분류된 물건들이 책이라는 집합을 이루지요. 생활 속에서 아이와 물건을 정리할 때마다 하나의 기준을 세워 물건들을 분류하도록 이끌어 주세요. 빨래 바구니에 담긴 옷을 검은색과 검은색이 아닌 것으로 분류하거나, 장바구니에 담긴 물건을 먹을 수 있는 것과 먹을 수 없는 것으로 분류하는 것도 좋은 활동이 될 수 있습니다.

아이가 보기

최고의 신랑감을 찾아요

아빠 두더지는 딸에게 최고의 신랑감을 찾아 주기 위해 하나의 기준을 정해서 분류했어요. 어떤 기준으로 분류했는지 살펴보아요.

처음에는 키로 분류했어요.

돌부처보다 작은 신랑감과 **돌부처보다 큰** 신랑감으로 나누었지요.

그다음에는 몸 색깔로 분류했어요.

몸 색깔이 진한 신랑감과 **진하지 않은** 신랑감으로 나누었지요.

아이와 함께 하기

옷과 신발을 가지고 분류해 보아요

여러 가지 종류의 옷이 섞여 있어요.
위에 입는 옷이라는 기준으로 분류해서 ○ 해 보아요.

엄마와 함께 공원에서 달리기를 하려고 해요.
내가 달리기를 할 때 신을 만한 신발을 기준으로 분류해서 ○ 해 보아요.

앞에서 분류한 옷에 운동화를 신고 달리기를 해요.